# 如果不行，就逃跑吧！

小池一夫——著
黃筱涵——譯

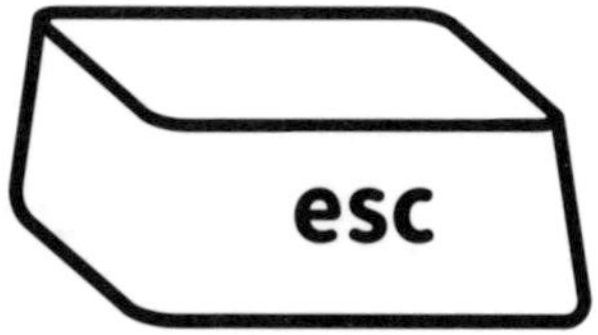


悅知文化

「逃跑」聽起來帶有負面意義，
所以想成「逃脫」就好了。
人生中，會歷經數次需要適時逃脫的關卡。

# 前言

如果能夠知道自己人生的正確答案，依循答案行動的話，該有多輕鬆啊！
但是，人類這種生物，就是即使知道人生中所有會發生的事件，
還是可能做出錯誤的選擇。
追求人生的答案時，獲得的未必是正解，
而在追求這個答案時，往往會迷失在錯誤的道路上。

然而，無論走得多遠，
一旦發現自己走錯路了，也只能回頭。
不過，回頭並不是一件簡單的事情。

有時，得試著逃跑。有時，得試著放下自己的努力。有時，得試著去忘記。

不逃跑是很棒的，
但，非得逃跑不可的時刻，也確實存在。
然後，請千萬不要責怪逃跑的自己。
因為這只是為了邁向正確方向之前的小小休憩。

小池一夫

＊本書由作者 Twitter（@koikekazuo）中嚴選出225句金句，部分表達方式經過修潤。

CONTENTS

# 1 關於不安與煩惱 如果不行就逃跑吧！

## 3 與他人間的連結 你不必成為別人期望的自己 95

# 4 思考與行動

## 你可以更靈活地看待自己

## 6 關於前進

1

Koike's words

# 關於不安與煩惱

如 果 不 行 就 逃 跑 吧！

01

關於不安與煩惱

# 能夠保護自己的只有自己

如果沒有「自保」的觀念，
當事情往壞的方向發展時，就會毫無所覺。
我們應該拋棄「總會有人來幫忙」這種天真的想法。
雖然期待能有人來告訴自己「沒問題」，
但是，能夠保護自己的只有自己。
最終，我們能夠信任的只有自己。

02

關於不安與煩惱

# 與削弱自信的人保持距離

讓人生變得痛苦的最大原因之一，
就是「失去自信」。
失去自信的人脆弱無比，
無論遇到何事都會受傷，變得更加沒自信。
如果你的身邊，有會削弱你的自信的人，
請立刻遠離對方。
這樣的人無非是想讓你乖乖聽話，
或單純想擊潰你罷了。

03

關於不安與煩惱

# 不隨著他人自私的情緒起舞

有種人不懂得控制自己的情緒，
而情緒是會傳染的。
所以，必須遠離這些無法控制負面情緒的人，
因為對方會影響到自己的情緒。
隨著他人自私的情緒而起舞，
就太浪費自己的人生了。

04

關於不安與煩惱

# 無視惡意

若有人對你懷抱惡意時，無視對方即可。
如果因此產生負面情緒、或感到受傷，
就正中對方下懷了。
面對過去的事情也是如此。
深陷過去的痛苦而無法自拔，
就太對不起現在的自己了。
溫柔的你，理應不會輸給懷抱惡意的人。
因為懷抱惡意的人，
自己也深受惡意的毒害。

# 05

關於不安與煩惱

# 不扯上關係 I

人生中，確實存在著
「不應與之為伍的人」。
有時就算相處起來很愉快，
但事後回想，都覺得自己很辛苦，
或總是自己吃虧。
我們必須遠離這種餘韻不佳的人。
就算無法徹底遠離，也要避免扯上關係。
就算對方是自己的血親、
或是極其親近的人，
也要在心靈與態度上與他們保持距離。

06

關於不安與煩惱

# 保持距離後，不在背後閒言閒語

遠離「不應與之為伍的人」之後，
不要在對方背後閒言閒語。
否則就代表自己的心仍深受對方影響，
也代表自己的水準和對方相同。

07

關於不安與煩惱

# 成為果敢的人

我想捨棄各種執著，成為果敢的人。
成為果敢的人後，
多餘的擔憂因素就會消失，心情會清爽許多。
這與放棄不同。
只是想要努力果敢而已。

# 08

關於不安與煩惱

# 不要窮追不捨

無論想向他人索求什麼，
得不到的話，就不應窮追不捨。
因為對方要不是沒有我們所渴求的，
就是基於某種原因而無法給予。
無論是愛、物品，或是任何其他的事物。
有時人生就是得學會「適時放手」。
「執著」只會讓人際關係變得更複雜。

# 09

關於不安與煩惱

# 學會依賴
# 自己以外的他人

我就是這樣的人，
只能用這種方法生存。
比別人差的地方，
就交給他人，不必勉強自己。
我不必當個十項全能的人。
不夠好的地方，
就麻煩你來補足。
因為你不擅長的，
有時我能夠接手。

# 10

關於不安與煩惱

# 不要總想著要靠自己解決

唯有活著，才有「重新開始的機會」。
不管是小事還是大事，
只要有心，就能重新來過。
有時可能得走回頭路，但總能重新開始的。
要特別留意的，是別總是想要靠自己解決。
學會仰仗別人，
是重新開始時很重要的環節。

11

關於不安與煩惱

# 不要追求事事完美

試著不去想要每件事情
都得完美實現。
抱持著「再努力也不可能完美無缺」的輕鬆心情，
有時反而會覺得
事情好像能夠順利。
今天，也帶著輕鬆的心情好好努力吧。

# 12

關於不安與煩惱

## 不要猶豫，直接求助吧

煎熬時、辛苦時，

就應明顯表現出「我覺得很痛苦」。

這世界上有許多人，在他人關心詢問「還好吧？」的時候，

笑著回答「沒問題、沒問題」，

結果就這麼離開人世了。

就算不想顯得狼狽、或是想顧及自尊，

真心感到痛苦時，請不要猶豫，直接求助吧。

肯定會有人聽見你的聲音的。

# 13

關於不安與煩惱

## 不要搞錯努力的方向

這是個人非常單純的人生結論，
那就是自己不擅長的事情，
基本上不做也無所謂。
自己不擅長的，可能是某個人的專長，
所以，交給那個人去做就行了。
這不是要叫你放棄努力，
是叫你別搞錯努力的方向。
這也是讓辛苦的人生
多少輕鬆一點的訣竅。

14

關於不安與煩惱

# 不用每天都盡全力過生活

如果每天都要竭盡全力過生活太累了。

必須按照自己的身體與心靈狀況，

適時全力發揮，或是稍微休息。

如果覺得今天是屬於「全力發揮」的日子，

那就好好努力吧！

# 15

關於不安與煩惱

# 不要把生命浪費在沒必要的痛苦上

為自己出人生課題時，
太簡單或太困難都不行。
秉持著「只要持續努力，
什麼時候實現都無妨」的心態即可。
把生命浪費在無謂痛苦上的人，
可能從一開始出題的方向就錯了。
所以當然找不到正確答案。

# 16

關於不安與煩惱

# 學會靈活地逃避恐懼

「畏懼的人」是人生中必要的存在，
但是，畏懼必須是因為尊敬而來。
如果那個人只會讓你嚇得渾身發抖，
對你來說就沒有必要。
基於恐懼而構築的人際關係，
是不會有好結果的。
這時候，就得學著靈活逃避。

# 偷懶會生鏽

人生中的偷懶與休息不同。
偷懶是種懈怠，休息則是絕對必要的。
或許在他人眼裡乍看沒有兩樣，
自己也會忍不住擔心。
但是，只要決定休息，就必須徹底休息。
分辨偷懶與休息的方法，就是偷懶會讓自己生鏽，
而休息會讓自己恢復。

# 18

關於不安與煩惱

## 逃避不是件壞事

有時覺得一切都好麻煩，
想逃避世間萬物。
這時，我會真的逃避。
具體來說，就是來場小小的旅行。
只是半天也好、
只要能夠逃離當下就好。
然後，就能夠回歸日常了。
「逃避」不是件壞事，
個人很推薦小旅行喔。

19

關於不安與煩惱

# 崩潰前請馬上逃離

身體上的不適，
有時只要看醫生就能治癒，
但是心靈一旦損壞，治療時間就得以年為單位。
不，是以十年為單位。
覺得自己的心靈快崩潰時，請立刻逃離。
趁著還有逃跑的體力與精神時逃走吧！
一旦崩潰的話，人生會發生巨變的。

20

關於不安與煩惱

# 逃跑之後

逃跑之後，就能活下來。
活下來之後，就能再戰一場。

# 21

關於不安與煩惱

# 不要錯估自己的需求

有些人會在你的身心
瓦解到幾乎無法挽回時，
對你停下喘口氣的行為大肆批評。
但是，這些人是不會負責任的喔。
就算在他人眼裡看似沒抗壓性，
自己往往已經撐到極限了。
有時，連自己都會搞錯
自己心靈的強弱，
請學會「自己保護自己」。

22

關於不安與煩惱

# 不要仰賴他人說的「沒問題」

不可以仰賴別人說的「沒問題」。
不能因為對方這麼說，
就放心停止思考，
必須當成一種意見，最終的判斷仍在自己。
因為得負起責任的是自己，
而非那個說著「沒問題」的人。
仰賴別人說的「沒問題」很輕鬆，
但是，自己的判斷才是最重要的。

23

關於不安與煩惱

# 不必把無禮的人當一回事

我為自己設了一個原則：
「不必把無禮的人當一回事。」
無禮的人，
是指那些從一開始就不打算和我互相理解的人，
或是覺得自己好就好的人。
不先決定好這個原則，
就會不小心
受到對方的挑釁、或是受傷。

24

關於不安與煩惱

# 不要落入小陷阱

是說，

昨天發生了一件不太開心的事情。

但是仔細思考，

覺得這在人生中，可說是微不足道。

好險、好險，我差點把這件事情看得很嚴重！

活在人世間，就會遇到許多像這樣的小陷阱，

請各位注意，別掉進去了。

# 25

關於不安與煩惱

## 被人討厭也無所謂

「不必贏得所有人的好感」這句話，
到底為人際關係減輕了多少壓力呢？
即使與同樣的對象相處，
也會有處得來與處不來的時候。
每個人的人際關係，都是這樣起起落落。
來吧，今天也繼續在他人的喜愛與厭惡中度過吧。

26

關於不安與煩惱

# 不必浪費時間做不必要的討好

人的厭惡分成兩種，
一種是「有原因的厭惡」，另一種是「單純的厭惡」。
有原因的厭惡，只要改進就行，
但受到他人單純的厭惡時，
不用浪費時間去做不必要的討好。
因為不管做出多少好事，對方還是會感到厭惡。
僅憑感覺就厭惡他人或被人討厭時，就別拘泥於原因，
與對方保持距離才是正確答案。

27

關於不安與煩惱

# 擁有享受日常小事的感性與餘裕

對無止盡的日常，就此延續一輩子的不安。
對平穩的日常，無法延續一輩子的不安。
我們每天都懷抱著互相矛盾的不安過日子。
除了留意日常生活中的小小變化，
並試著享受這些小事以外，沒有解決辦法。
所以，必須保有享受日常小事的感性與餘裕。
活著的樂趣，就在於享受小小的日常變化。

28

關於不安與煩惱

# 事前打造好
# 堅固的避風港

各位是否都為自己的人生，打造出堅固的「避風港」了呢？
在這裡特別想告訴年輕人，
沒有避風港的人生，真的很痛苦。
而處於痛苦之中時，
根本沒有打造避風港的精神與體力，
所以要趁平順時先準備好。
趁自己還沒有痛苦到動彈不得、
猶如石頭般陷入無法逃脫的境地之前。

# 29

關於不安與煩惱

## 選擇的是人生
## 而非工作

「不要太挑的話，什麼工作都有。」
有些年長者會這樣告誡年輕人，
但是，這個觀念是錯誤的。
我們都有選擇工作的權利，
否則難道要我們到死，
都要讓自己不想做的工作耗損身心嗎？
「工作必須慎選」。
因為選擇工作，
就等於是在選擇人生。

# 30

關於不安與煩惱

# 不要仰賴靈機一動

人生遇到瓶頸時，
就會努力想改變自己，
但是，我們不應該仰賴那種
不知何時會冒出的「靈機一動」。
因為人生遇到瓶頸時，才不會浮現動力。
這時我們該怎麼做呢？
換工作、搬家、換一批相處的人。
具體來說，就是機械化地改變環境。

31

關於不安與煩惱

# 不要讓辛苦損耗自己

辛苦不會磨練品行。
辛苦也不會使人成長。
可以的話，不要讓自己白白辛苦比較好。
沒有人能夠一輩子避免辛苦，
而面對辛苦的方法，會左右人生的品質。
重點是別讓辛苦損耗自己。

# 32

關於不安與煩惱

## 不要違背自己的天性

只要活著就會知道自己的天性。

然後，請不要違背自己的天性。

不懂得如何實現諾言的人，從一開始要避免承諾，

與他人維持鬆緩的關係。

不擅長整理的人，

從一開始就應該避免買太多東西。

我們的天性終究不會改變，

所以選擇符合天性的生活方式，才是最輕鬆的。

# 33

關於不安與煩惱

## 成為能夠與人生抗衡的大人

人生受到霸凌影響的人，
真的很多。
我認識的一位孩子，
人生就是這樣徹底改變的。
但是，最好的復仇，
就是活得比霸凌者更幸福。
你已經不是孩子，
而是能夠與人生抗衡的大人了。

34

關於不安與煩惱

# 不受話語所影響

說話者往往三天內
就忘記自己說過什麼了，
但是聽者卻可能被折磨三年、甚至是三十年。
所以，請不要受到他人的負面話語所影響。
倒是讓自己開心的話，
就很適合到死也不忘。

35

關於不安與煩惱

# 不在他人身上索求心的歸屬

自己的心中沒有歸屬時，
心就無法安定。
但把他人當作心的歸屬時，
往往會被對方牽著鼻子走。
所以必須對
「只有自己能夠救贖自己」有所覺悟。
如此一來，心靈才能夠安定。

# 36

關於不安與煩惱

## 不安的真面目

某位懸疑作家曾說過：

「讀者一定會猜到真兇，

因為他們會懷疑每個登場人物。」

這與我們的不安相同。

自尋煩惱的人，只要憂慮偶然成真，

就會覺得：「看吧，跟我擔心的一樣。」

但是，擔心的事情中，其實有九成都沒有發生。

不安的真面目，其實就是這樣而已。

# 37

關於不安與煩惱

# 回頭吧

心靈真的頹喪得不得了時，
就回頭吧。
趁你還記得回去的路時。

# 38



## 「現在就專心休息」吧

我以前曾收到這樣的回信：

「心靈生病後，就吃藥整天睡覺。」

在興起想做某件事情的念頭前，卯起來睡覺就好了。

睡著睡著就會睡膩。

長時間懷抱著「必須努力」的壓力過日子，

會讓身心慢慢透支。

所以，

「現在就專心休息」吧。

# 39

關於不安與煩惱

# 判斷「走為上策」時就趕快逃吧

發生不好的事情時，
會不管三七二十一地要求自己不哭、不吵、不逃。
因為情緒化地哭喊，只會平白讓心情更亂；
下意識的逃避，也不能解決問題。
這時必須先正視問題。
當判斷「走為上策」時，就要馬上逃走。
因此而失去冷靜，是最差的解法。

40

關於不安與煩惱

# 心病的警訊

把家裡整理乾淨，就會想要招待客人，對吧？

買了漂亮的衣服，就會想穿給誰看，對吧？

而基本中的基本，就是洗澡。

覺得非常辛苦的時候，就先去洗澡吧。

把身體打理得清潔乾淨，就會願意出門吃飯。

出門時，就能順便買點生活用品，也比較容易與他人碰面。

牽繫起人際關係的，其實是洗澡。

聽起來像是開玩笑，但建立人際關係的第一步，真的是洗澡。

相反的，痛苦到連洗澡都覺得辛苦時，

就可能是心靈發出生病的警訊了。

這是我從自己的經驗中實際體會到的。

41

關於不安與煩惱

# 勤於觀察自己

「留意自己的變化」其實出乎意料的難。
變化都是一點一滴發展的，等到注意到的時候，
可能已經演變成無法靠自己獨力挽回的地步。
為了避免這種情況發生，平日就必須勤加「觀察」自己。
一旦發覺不對勁，就要立即修正軌道。
今天，也是個必須仔細觀察自己的日子。

# 42



## 不要被束縛

「不要被束縛」是我人生的起點。

學校、工作、學習……

要舉例的話俯拾皆是，

總而言之，就是不喜歡的事就不要做。

自己不喜歡的事，不管多麼努力都沒辦法得心應手，

當然也無法感到幸福。

這不是叫你停止努力喔，

而是可以更自由一點。

43

關於不安與煩惱

# 用自己擁有的事物活下去

「不追求自己沒有的事物。」
光是接受這個道理，人生就會輕鬆許多。
透過努力帶來的好結果，
其實是在琢磨自己內心已有的事物。
遇到再怎麼奮鬥也生不出來的事物，
就要認清莫可奈何，然後爽快放棄。
來吧，今天也用自己擁有的事物活下去吧。

44

關於不安與煩惱

# 不要塞滿自己的內心

內心狀況不佳時，
就無法順利切換心情。
為了維持流暢切換心情的狀態，
內心就不能塞滿煩惱與不安。
必須保留一些空間，
才能夠容納開心的事情、豐潤的生活、溫柔的事物。
今天，也決定要讓心靈保有流暢切換的空間。

45

關於不安與煩惱

# 有煩惱時
# 仍應享受人生

解決煩惱的方法，

當然就是想辦法消除原因。

不過在心存煩惱的同時，

也想辦法增加人生中的樂趣，

就可以稀釋煩惱的程度。

不要讓自己完全被煩惱占據，

將之視為人生的一部分即可。

來吧，今天也在煩惱的同時，

好好享受人生吧！

# 2

Koike's words

# 關於自己

不 能 麻 痺 ， 知 道 自 己 的 極 限

46

關於自己

# 不要違背本性
# 讓自己活得卑微

為了維護自己在他人眼裡的形象，而違背本性——
世界上沒有比這更卑微的活法了。
活得像自己，才是真正的自己。
活著這件事，不必連他人有色眼鏡裡的顏色
都要在乎。
若有人因為你的本性而疏遠的話，
代表彼此間的關係也不過爾爾。

# 47

關於自己

## 不用他人的評價評斷自己

世界上有太多不相信自己的人了。
不相信自己的人，
還會相信誰呢？
「我必須相信自己。」
不要用他人的評價，來評斷自己。

48

關於自己

# 對自己好好用心

光是慢慢缺乏飲食、睡眠、休息，
就會讓身體逐漸虛弱。
再加上壓力，讓內心變得脆弱，
要是缺乏愛的話，就會更加衰弱了。
這種時候，就會感到人類真是脆弱的生物。
不過，反過來說，如果平常對自己多用心一點，
就能過著相當輕鬆愉快的生活。
就先從自己做起吧。

49

關於自己

# 覺得「意興闌珊」時

內心充滿「意興闌珊」這樣的情緒時，

就代表內心已經很脆弱了。

# 50

關於自己

# 下定決心
# 成為游刃有餘的人

人們最受什麼樣的人吸引呢？
我認為答案是「游刃有餘的人」。
人生會遇到許多辛苦的事情，
儘管如此卻不失餘裕的人，非常有魅力。
該怎麼做才能夠變得游刃有餘呢？
各位可別這麼問啊！
只要下定決心「成為游刃有餘的人」
就可以了。

51

關於自己

# 變得更強大、更溫柔

覺得誰很弱小的時候，
對方有多弱小，自己就要變得多強大。
覺得誰很差勁的時候，
對方有多差勁，自己就要變得多溫柔。

# 52

關於自己

## 不管他

沒有必要認同別人的價值觀。
但是也不能否定，
每個人都有屬於自己的價值觀。
只要別人的價值觀不會妨礙到自己，
就「不管他」。

# 53

關於自己

## 這個社會

「這個社會怎麼可能會容許這種事情？」

通常說出這種話的人，

口中的這個社會，都等於他自己。

54

關於自己

# 別再受傷了 I

別再「為小事受傷」了。
世界上有些性格扭曲的人，
以傷害他人為樂。
別掉入這種人的陷阱。
這不是要你對受傷不敏感，而是要你變得更強。
在自己變成「會為小事受傷的人」之前，
變強吧。

55

關於自己

# 別再受傷了 II

別再「為小事受傷」了。
玻璃心成癮後就很難治好了。
內心受傷沮喪時，
回過神來通常會發現，
不是什麼重要的事情。
我們必須強大到不會平白受傷的程度才行。

56

關於自己

# 做自己的人，不需要努力做自己

真正做自己的人，
不需要努力做自己。
努力做自己的人，
就代表還沒辦法做自己。
真正做自己的人，
在平凡日常中也能表現出自我本色。
最重要的，
是得先充分理解做自己的真義，才能夠真正做自己。
第一步，並不是浮現「做自己」這個念頭。

57

關於自己

# 不要將麻煩強推給對方

人與人往來時，
難免會有交際上的麻煩。
以「我不擅長和人溝通……」為由，
將麻煩強推給對方，
當然就做不成朋友了。
請別把「不擅長溝通」當成藉口，
把交流時的麻煩強推給他人。

58

關於自己

# 確實的表達

與他人溝通時，
並不是從「話語」與「態度」二擇一，
必須透過兩者，共同表達。

# 59

關於自己

## 留意自己的性格

人們對自己性格上的缺點，
出乎意料地難以察覺。
這是因為自己造成他人不快時，
總是會找藉口解釋。
放著不管的話，性格上的缺點就會愈來愈多。
在大人的世界裡，
很少有人會為了幫助他人成長，而一一指出缺點，
通常會選擇默默疏遠。
發現他人疏遠自己時，
請留意自己的性格是否哪裡出了問題。

60

關於自己

# 只有你
# 是自己的心靈寄託

覺得辛苦時，需要有個人、有件事來排解情緒。
無論對象是朋友、
崇拜的人，或是興趣都可以，
只要能讓心情輕鬆一點就行。
但是，千萬別忘了：
「你的心靈寄託，終究只有自己。」

# 61

關於自己

## 敗犬的遠吠

以個人的經驗來說，

愈是惶惶不安時，

言行就愈具攻擊性、

愈喜歡向他人辯解，

藉口也愈多。

看在他人的眼裡，

這就是所謂「敗犬的遠吠」。

62

關於自己

# 讓自己開心

光是讓他人開心，
沒辦法成就自己的人生。
讓自己開心，自己的人生才會有意義。
但是，讓他人開心時，最開心的其實就是自己。

63

關於自己

# 自我認同

無法自我認同時，
會渴望他人的認同。
過度渴望他人的認同，
就容易遭受利用。
於是，就分不清「被利用」與「被認同」的差異。
追根究柢，還是必須自我認同。

64

關於自己

# 不是「煩惱」，而是「惰性」

煩惱著某事的人，
通常都知道最佳解法。
只是嫌麻煩所以不做而已。
反過來說，明知道解法卻不做
已經稱不上煩惱了。
那是一種「惰性」。

65

關於自己

# 現在的自己就是「結果」

今天的自己，
就是昨天、上個月、去年、年輕時的自己
所累積而成的「結果」。
不管是痛苦還是快樂，
生活至今所獲得的「解答」
就是現在的自己。

66

關於自己

# 珍視與生俱來的性格

尊重與生俱來的性格，
是最能讓人生幸福的條件。
悠哉的人、急性子的人、
穩重的人、強勢的人……
不同性格的人，互相尊重過日子。
自己擅長什麼，就在這方面協助他人，
不擅長的地方，就向他人求助。
今天也試著珍視自己與生俱來的性格吧。

67

關於自己

# 不要用自己的價值觀去強迫別人

自己的天性無法改變。
每個人都有獨特的個性，我們只能選擇接受。
但是，不可以用自己的價值觀去強迫別人。
這世界上有大而化之的人，也有神經質的人。
不能以自己的個性與價值觀為基準，
去要求他人。

# 磨練自己

發生任何事情，

都不要想成「傷害自己的壞事」，

而看做是「磨練自己的事情」。

只要活著就會有所碰撞、遇到瓶頸，

所以不要把這些，當成對自己的眾多傷害，

必須將其視為磨練自己的關卡。

事物的樣貌，全在你的一念之間。

今天，也是磨練自己的一天。

# 69

關於自己

## 人生的關卡

人生必定會遇見，
必須「闖關」的人事物。
這些事件，無論或大或小，
總之都是強迫自己挑戰極限的人事物。
過關成功後，
自己在他人眼裡就會成長到
突破瓶頸的程度。

70

關於自己

# 熱情是一時的，剩下的必須靠敬意維持

兩人相遇時的熱情會慢慢冷卻。
取而代之的是
「相處一輩子也不覺得膩、不覺得厭煩」的
溫暖心情。
接著，會昇華成「不想失去這個人」的感情。
能夠長久延續的關係，多半是這種感覺。
熱情是一時的，
剩下的必須靠著敬意維持。

# 71

關於自己

## 盡情去喜歡
## 自己喜歡的事情

不管要不要做某件事，

不管成功與否，

不管是溫柔還是心懷惡意，

不管是少數派還是多數派，

不管是男是女、是小孩還是大人，

不管是什麼身分，

肯～定都會有人來對你說三道四，

所以，各位只要盡情去喜歡自己喜歡的事情即可，

畢竟你的人生，不是為了誰而活。

72

關於自己

# 認識自己的極限

人通常不是慢慢發現自己的極限，
極限往往在某天突然降臨。
壓力慢慢升級，
覺得辛苦但好像還可以再撐一下。
所以，儘管有機會換條路走或是乾脆停下腳步，
卻繼續堅持下去。
結果昨天明明還沒問題，今天卻突然撐到極限了。
必須認識自己的極限。

3

Koike's words

# 與他人間的連結

## 你不必成為別人期望的自己

73

與他人間的連結

# 不扯上關係 II

人際關係產生的心裡不舒服，
最後會演變成厭惡感，
厭惡自己與不重要的人扯上關係。
每個人的時間都有限，
和不重要的人扯上關係，
多少會影響自己的情緒。
雖然人際關係非常重要，
但是更重要的是，能否和不重要的人撇清關係。

74

與他人間的連結

# 打造平等關係，不能卑微以待

人際關係帶來了許多煩惱，
但是本身其實很單純。
他人對自己釋出善意時，
就會對那個人產生好感。
所以，主動對他人釋出善意的話，
對方也會對自己產生好感。
要特別注意的是，無論多麼喜歡對方，
都不應該卑躬屈膝，
雙方必須是平等的。

75

與他人間的連結

# 不要把人際關係想得太複雜

別把人際關係想得太複雜是一大重點。
關鍵字就是「敬意」。
秉持敬意、對誰有好感時，
就大方表現出自己的好感。
但是遇到討厭的人，實在無法尊敬時，
也沒必要特別表現出「你很討厭」的態度。
「沉默」是每個人必學的社交術之一。

# 76

與他人間的連結

## 留意距離感

到我這個年紀時，
已經有很多想見也見不到的人。
所以，年輕人不應自我意識過剩，
想見誰就儘管去見，
喜歡誰就表達喜歡，
言行都要坦率一點。
總而言之，如果不與人相遇，
就什麼事情都發生不了。
最終只要留意人與人的「距離感」就行了。
對方步步逼近時，自己就試著後退。
對方沒自信地退縮時，自己就試著往前看看。

開始學著懷疑自己後，

發現生氣都是為了與眼前狀況無關的原因，

例如：睡眠不足、肚子餓到情緒浮躁、

和某個人吵架後殘留的颱風尾、

身體不舒服等。

實際體會到情緒波動的理由，

其實都單純得不得了。

所以，自己快要發怒時，就必須特別留意。

造成情緒波動的原因，

往往不是討厭對方或被對方討厭這麼嚴重的事情。

77

與他人間的連結

# 試著懷疑自己

我上了年紀後，開始會注意一件事情，

那就是自己和他人說話時，

要是覺得「咦？好像很奇怪？」時，

首先會懷疑是不是自己的問題，

讓腦袋冷靜一下，

不會馬上就認為是對方的問題。

結果很多時候發現，雖然對方確實有點怪，

但自己也有思考不足的地方。

所以，我認為「懷疑自己」也是件必要的事情。

# 78

與他人間的連結

## 從「被動的人」變成「主動的人」

這世界上有「被動的人」與「主動的人」，
但是，「被動的人」卻遠多於「主動的人」。
大多數的人都被動等待著：
「對方會不會來找我做朋友呢？」
「對方會不會向我告白呢？」
屬於少數派的「主動的人」，
其實具有壓倒性的優勢，
所以，請試著變成「主動的人」吧。
如此一來，世界也會改變的。

79

與他人間的連結

# 尊敬心靈穩定的人

我打從心底尊敬「心靈穩定的人」。
這些人不是天生如此，
而是努力穩住每個瞬間的自己的人。
每個人都有自己的煩惱。
或許得照護雙親，
或許是自己生病了，
或許是遭到霸凌。
即使如此，仍不遷怒於人，維持平穩的人，
令我肅然起敬。

80



# 不要想著討厭的人

想要表達某個想法時，
往往會假設「肯定會引發怎樣的反彈吧」，
於是在內容中融入了因應這些反彈的表達方式；
但是，這就不是自己原汁原味的想法了。
身為一個想表達自我想法的人，
最可怕的就是養成滿腦子思考反對者的習慣，
相較於支持自己的人，
更重視討厭自己的人。

# 81

與他人間的連結

## 想著喜歡的人

【80】談的是創作領域，

但是這個道理其實也適用於人際關係。

如果養成壞習慣，

重視討厭自己的人勝過喜歡自己的人，

對人生來說會是一大損失。

與其滿腦子思考討厭的人，不如想想喜歡的人。

與其感嘆失去的事物，不如珍惜手中擁有的一切。

與其數落辦不到的事情，不如想想自己辦得到的事情。

最終極的目標，

就是與其思考生活的苦處，不如想想活著的幸福。

養成這樣的思維，世界就會大幅翻轉。

82

與他人間的連結

# 話說不好的時候，人際關係也處理不好

「重視自己的口條，就等於重視人際關係。」
這是我對人際關係最終極
也最單純的結論。
表達方式凌亂破碎時，
人際關係通常也會隨之凌亂破碎。

# 83

與他人間的連結

## 有時必須以貌取人

外在是內在的最表面，
用字遣詞是心靈的最表面。
所以從外表與用字遣詞判斷他人，
並沒有錯。

84

與他人間的連結

# 最重要的人

最重要的人，
就是與自己最親近、
相處時間最長的人，
但也因此，最容易不小心說出
不該說出口的話。
面對最重要的人時，必須最慎選用字遣詞。

85

與他人間的連結

# 自己決定

自己喜歡的人，在他人眼裡可能不好。
自己討厭的人，可能受到他人的稱讚。
光憑別人的話就動搖，太沒用了。
自己要喜歡誰這點小事，
自己要討厭誰這點小事，
自己決定就好了。

# 86

與他人間的連結

# 面對過大的期待時，不回應也沒關係

喜歡某個人時，
會想回應對方的期待。
能力所及的範圍內，當然會想回應對方的所有期待，
但是，自己的人生，
不能全用來回應他人的期待。
所以要特別注意那些
對他人抱持過大期待的人。
這種人會擅自期待、擅自失望、
擅自反感，然後擅自離去。

# 87

與 他 人 間 的 連 結

## 想見的人

世界上有想見、

但是不要見面比較好的人。

也有想見、

卻不能見的人。

這個世界，就是如此充滿遺憾。

88

與他人間的連結

# 不要討厭到憎恨的地步

任誰都有討厭的人，
也有喜歡的人。
但是要特別注意那種整天都在埋怨別人的人。
因為這已經不是「討厭」、而是「憎恨」了，
而憎恨這種負面情緒是會傳染的。
我們沒有辦法喜歡上討厭的人。
但是為了自己好，
不要討厭到憎恨的地步。

89

與他人間的連結

# 做自己就好

假設討厭你的人，
具體說出了一個你的缺點。
但是，就算你改善，
對方絕對會指出下一個、下下一個缺點。
「單純覺得討厭」就是這麼回事。
我們不是對方的奴隸。
不必成為對方理想中的人。
做自己就好。

# 90



## 不成群結黨

為自己找到夥伴，但是不要成群結黨。
生活中很常看到找不到夥伴的人，
成群結黨、假裝自己也有夥伴。
真正的夥伴，即使意見或個性不同也能夠互相包容；
單純的成群結黨，則是遇到一點小事就吵架拆夥，
只能構築短時間的人際關係。
因為這群人只是藉由共同的假想敵，
才會短暫聚集在一起而已。
不是真正的夥伴，
就沒辦法努力維持感情。
唯有由衷期望彼此幸福的，才是真正的夥伴。

# 91

與他人間的連結

# 迷人的場所
# 不見得是自己的歸屬

有些場所會讓我們覺得「自己不屬於這裡」。
待在這種地方時，要不是異常疲倦，
就是離開後累得不得了。
不管這樣的場所多麼迷人，
都不是你的歸屬。
找到自己的歸屬，是極其重要的一件事情。
無根的浮萍看似自由，其實很寂寞。

92

與他人間的連結

# 不要孤立

人生需要孤獨的時間，
但是與他人相處的時間更重要。
能夠陪在自己身邊的人愈多，
很多問題就不會變得太嚴重。
只要有能幫上忙的對象，
有能撒嬌的對象，
有能聽自己訴苦的對象，
就可以減輕孤立的可能性。
孤獨與孤立是不同的。

# 93

與他人間的連結

## 不要打亂他人的步調

有事需要拜託或請求別人的時候，
有個地方要特別留意。
那就是選在不會打亂對方步調的時候，提出請求。
因為人的步調被打斷時，
會浮現出乎意料的厭惡感。
只要別打亂對方的步調，
就能夠提高對方同意的機率。
這是與人相處的小技巧，效果非常好。

94

與他人間的連結

# 不過度期待他人，也不對他人過度失望

就算是喜歡的人，
也會有讓人腦中浮現驚嘆號的短處；
就算是討厭的人，
也會有令人刮目相看的長處。
沒有人會完全如你所料。
一小部分的表現，沒有辦法代表整個人。
今天，也不過度期待他人，或對他人過度失望。

95

與他人間的連結

# 不要隨便把人歸類成敵人

我沒辦法理解那種
將有異議的人，都當成「敵人」攻擊的人。
雙方對某件事情意見相左時，
就追溯到對方的特質、性格與出身等，
說出「愚蠢」之類的人身攻擊。
意見不同的人不是敵人啊！
單純只是意見不同的人而已。
只是如此罷了。

# 96

與他人間的連結

## 不要羞辱他人

「羞辱他人」的風潮實在太殘酷了。
不管是網路、電視還是雜誌，
五花八門的媒體，都卯起來羞辱他人。
「不要羞辱他人。」
「遠離會羞辱他人的事物。」
只要能夠下定如此決心，自己的生活就會更美好。
因為，
沒有人偉大到有權力羞辱他人。

97



# 讓孩子理解「不能霸凌」這個規則

討論霸凌這件事情時，

說霸凌者有錯，

或說被霸凌者也有哪裡不對，

是無法解決事情的。

我認為最有效的方法，

應該是讓孩子們理解：

「無論被霸凌者做了多少錯事，

都不構成去霸凌別人的理由。」

98

與他人間的連結

# 讓他人喜歡自己的方法

網路等媒體上，很常出現這樣的文章：
「讓你受歡迎的〇〇」
「避免被討厭的〇〇」
不管是哪種，
都是希望「他人對自己感興趣」。
其實，真正的答案就在你心裡。
只要仔細想想，
自己會對什麼樣的人感興趣就夠了。

# 99

與他人間的連結

# 將混濁的情感
# 轉變成坦率的情感

無法坦率說出：
「好羨慕那個人」的情感，
會變成混濁的情感。
當你能夠坦率地想著：
「哎呀，我也好想變成那樣子」的時候，
就已經更接近那位理想人物了。

100

與他人間的連結

# 包容他人的「假裝」

年輕時很討厭裝模作樣的人。
覺得這些人都是假裝溫柔、假裝聰明、假裝厲害，
他們都假惺惺的，
只是想要營造好形象而已。
現在卻不同了。
那些人，
是努力希望自己能夠溫柔、能夠聰明、能夠強悍吧。
在接受別人的假裝時，也接受了假裝的自己。

101

與他人間的連結

# 假裝沒事

我國小的時候，

曾經胡鬧地揶揄一位爺爺級的老師：

「老師的名字好像女人喔！」

結果老師以強硬的語氣回答：

「大人也是會受傷的喔！」

年過八十的現在，我非常理解當時老師的意思。

無論是大人還是老人，

都是像孩子一樣，會受傷的。

只是比較擅於假裝沒事而已。

# 102

與他人間的連結

## 不要對他人的行為過於吹毛求疵

任誰都有「不想被他人知道的事情」，
但是大部分都會露餡。
不過，就算露餡了，我們也可以態度溫柔、不刻意指出，
或是想著「其實也沒關係」地接納對方。
因為大家都是彼此彼此。
不要對他人的行為過於吹毛求疵。

# 103

與他人間的連結

## 不要求他人
## 依自己的想法行動

我們身上，
也有許多自己控制不了的事情吧？
別人當然也是。
因此，與他人往來時，
我不會要求對方依自己的想法行動。
想讓人際關係更順暢，
就必須留意自身問題、加以反省，
最後付諸行動。
這就是我的人生結論。

104

與他人間的連結

# 將他人影響視為負面教材，或是從中學習

我們出生以來，
就會不斷受到他人的影響。
所以必須時時刻刻慎選影響自己的對象。
不想受到某人影響、卻又不得不與對方相處時，
就把對方當成負面教材吧。
遇到想要看齊的對象時，就貪心一點、盡情學習。
藉由自己的意識與他人的正面影響，
打造出理想的自我。

4

Koike's words

# 思考與行動

## 你可以更靈活地看待自己

# 105

思考與行動

## 不要慌張

我要求自己「不可以慌張」。
一有事發生就驚慌失措，
精神會無法安定。
慌張容易造成錯誤判斷，
所以我決定不要事事慌張，
否則就只能被牽著鼻子走。
光是不慌張，就能為人生減少許多可怕的事情。

# 106

思考與行動

## 不要為自己做角色設定

「不為自己做角色設定」，
是很重要的事情。
很多人事前設定好自己的角色後，
就侷限在這個角色中而痛苦不堪。
有時候幫助別人，有時候需要救援。
有時候指導別人，有時候需要學習。
有時候個性嚴肅，但還是會有時候想撒撒嬌。
請像這樣，讓自己的角色靈活轉換吧。

# 107

思考與行動

## 絕對會有
## 「無能為力的事情」

世界上絕對有「無能為力的事情」。
遇到無能為力的事情時，
就算全心全意都放在上面，也無計可施。
這時，應該做的是
思考「有能力處理的事情」。
繼續處理能力所及的事情時，
無能為力的事情，
就會轉變成有能力處理的事情。
我會在「今天」執行「現在」能做的事情。

# 108

思考與行動

## 不要讓擔憂有機可乘

深思熟慮是很重要的事情，
但是想了也無濟於事的事情，我就不會去想。
過度思考只會招致多餘的擔憂。
不要讓還沒發生的事情束縛自己。
今天的我，仍會謹慎思考、確實行動，
不會露出讓擔憂有機可乘的破綻。

# 109

思考與行動

## 在樂觀時停止思考

停止思考的時候，當下的想法就會成為自己的結論。
所以，不要在心靈痛苦時，
停止對痛苦的思考。
而是隨便做點事情，
想辦法讓自己樂觀一點後，
再停止思考，
然後以這時的想法為結論。
只要學會這個訣竅，人生就會輕鬆許多。

# 110

思考與行動

## 放鬆使人更強大

「放鬆生活」
是我很重視的生活訣竅。
因為人生有太多痛苦的事情、
難熬的事情、麻煩的事情。
但是，只要下定決心放鬆過日子，
心境就會瞬間輕鬆許多。
滿腦子焦躁、緊繃或煩惱，
就會覺得人生太漫長了。
只要放鬆心靈，人就會變強大。

111

思考與行動

# 不要放大主詞

無論在什麼場合發言，
使用的主詞都應該小一點。
像是「全日本」、「媒體」或是「政治人物」這種主詞，
涵蓋的範圍就太大了。
「我」不是「我們」，不是誰的發言人，
也不能代替他人表達心聲。
遇到主詞範圍特別大的人時，就應特別留意。

112

思 考 與 行 動

# 在矛盾中過日子

難免會有人諷刺地告訴我：
「你說的話自相矛盾了。」
這不是理所當然的嗎？
面對喜歡的人與討厭的人時，
是哪條法律規定我要用相同的態度？
「在矛盾中過日子」本來就很正常。
對待他人，可別這麼吹毛求疵。

113

思考與行動

# 壓力很大時的特效藥

覺得壓力非常大的時候，解決方法有兩種。

1「找人一起大玩一場！」

2「關在家裡享受孤獨。」

兩者都是不錯的解決方法，

但是一直選擇其中一種會帶來嚴重的副作用，

所以請視情況擇一服用。

# 114

思考與行動

## 培養「陽光習慣」

遇到難熬的事、煩躁的事，
或是任何討厭的事情時，
仍有絕對不可以做的事情。
例如：酗酒、攻擊他人，
或是任何事後會讓你更加厭惡自己的行為。
所以，平常要培養負面情緒一湧而上時，
能夠用來一掃陰霾的「陽光習慣」。
以我來說，要嘛是打掃，
或是出發去見想見的人。

115

思考與行動

# 一天學會一個新知識

擁有能判斷好東西的知識時，
就會在判斷時感到喜悅。
反之，有時是憑直覺找到好東西，
進一步去研究並獲得知識時，感到喜悅。
無論是哪一種，加深知識都是令人開心的事情。
我下定決心，一天要學會1個新知識。
這樣十年就學會3650個知識了。
今天，也去學一樣新知識吧。

# 116

思考與行動

## 要有自己什麼都不懂的自知之明

知道愈多的事情、學習愈多的知識，
就愈會發現，自己懂的其實很少。
當自己的世界變得愈來愈寬廣，
就能明白原本的世界有多麼狹窄。

117

思考與行動

# 把「怒火」收好

「怒火」必須在重要時登場，所以平常要先收好。
整天都在生氣的人，
在必須認真生氣時，
別人就會想著「又來了」，而不會認真以對。
而鮮少生氣的人在憤怒時，
怒火的威力會比總是在生氣的人，
高出數十甚至是數百倍。

# 118

思考與行動

## 爽快違背他人莫名其妙的期待

某人說：「沒想到他竟然是那種人！」

我回答：「誰知道你戴的有色眼鏡是什麼顏色？」

人生中時常會有這種感覺。

爽快違背他人莫名其妙的期待，

繼續過自己的生活。

119

思考與行動

# 不要以誠實為名成為加害者

很少說謊的人，
過著輕盈溫柔的人生，
但是，不經大腦的誠實，卻會傷害他人。
誰都想當個坦率的人，但可不能不動腦。
不管什麼事情都全盤托出，
有時會成為以「誠實」為名的加害者。
為了不傷害別人，
有時也必須選擇沉默。

# 120

思考與行動

## 不要被困在被害妄想裡

「不要有被害妄想」
是人生在世很重要的關鍵。
實際受到傷害時，
當然必須奮力對抗，
但是，總覺得很多人都只在妄想的階段。
受到傷害是命運所致，
與之對抗，就是奮力開拓自己的命運。
不要困在被害「妄想」中，結果屈服於命運。

121

思考與行動

# 以前憂鬱時就會拚命要求自己的事情

「總之先離開被窩，

洗臉、

刷牙、

把身體打理乾淨。

就算出不了門也要如此，

就算不願見人也要如此。」

# 122



## 谷底

祈禱「希望不要再發生比這更糟糕的事情」時，

就代表不用再擔心了。

因為現在已經在谷底了，

接下來只要往上爬就行了。

# 123

思考與行動

## 暫時逃避現實

我認為暫時逃避現實是很重要的。
很多人都以負面眼光看待逃避現實這件事，
但是，整天看著令人難受的現實，
誰還活得下去啊？
只要活著，就無法真正逃避現實，
正因如此，我們更要學會暫時性的逃避。
藉此讓心靈煥然一新，
之後再重新對抗現實就好了。

# 124

思考與行動

## 在自己掌控的時間下努力

雖然每天都很忙碌，
但是照著自己的步調過生活，仍是很重要的事情。
雖然必須與他人互相配合，
但是基本上仍要維持「自己的步調」。
在自己的步調下過生活，
能夠同時提高人生與工作的品質。
今天，也要在自己掌控的時間下努力。

125



# 身體管理

身體不舒服時好好休息，

就是所謂的「身體管理」。

不是因為身體管理沒做好，

才不得不休息。

到底要說幾次，

日本的公司才能明白這個道理呢？

# 126

思考與行動

## 某位知名賭徒的名言

「試著環顧桌邊所有人。

要是找不到獵物的話就立刻起身，

因為，你就是那個獵物。」

# 「2・6・2」法則

我為人際關係設定了「2・6・2」法則。
有兩成的人，無論如何都是夥伴、
有兩成的人，無論如何都是敵人，
視情況而定的人，則占了六成。
最重要的，
就是不要浪費心力去理解那兩成的敵人，
直接切割對方，因為：
「除了同為人類以外，你們沒有任何共通點。」

128



# 大人的定義

個人對大人的定義，
是能夠理解「時而傷人，時而被傷害」
這個現實的人。
這樣的人，也能夠理解：
「人生，就是在原諒與被原諒之間擺盪。」

# 129

思考與行動

## 人生的品質，取決於習慣

有時逃避也不錯，
只要別養成習慣就好。
有時放棄也不錯，
只要別養成習慣就好。
有時說謊也不錯，
只要別養成習慣就好。
「習慣」是件很可怕的事情。
不過，我們可以讓各種優點都成為習慣。
因為人生的品質，取決於習慣。

# 5

Koike's words

# 關於生存

別 再 過 著 找 藉 口 的 人 生

130

關於生存

# 自己的失敗，全出於自己的決定

人生中會感到後悔的事情，
全是「沒有親自做決定的事情」。
就算失敗了，只要是自己做的決定，就能夠接受。
最壞的結果就是認為失敗都是別人害的。
只要能接受自己的失敗，自然就能夠繼續前進。
認為失敗是他人害的，就沒辦法前往下一個階段。
自己的失敗，終究還是出於自己的決定。

131

關於生存

# 一切都是「託自己的福」，而非「某某人害的」

「不牽拖別人」的人生，
看似能輕鬆辦到，實際上卻很困難。
沒辦法順利達成的原因，
多半是因為內心還是想要找個人頂罪。
但是，只要不牽拖別人，就會感覺清爽許多，
甚至覺得心靈得到洗滌。
今天也想著：「都是託自己的福」，
而不是：「都是某某人害的」。

# 132

關於生存

## 不要疏於投資自己

人們只能對內在擁有的事物有反應。
疏於「投資自己」時，
自己的世界當然就會很狹窄。
然後誤以為世界就是這麼狹窄，
認為世界很無趣。
再加上物以類聚，世界就會愈來愈狹窄。
所謂的投資自己，
有時當然需要花錢，
但是，仍有很多不需要花錢的方法。

133

關於生存

# 不用勉強不懂的人去懂

在聽他人說話時，
我們只會對內在已建立的詞彙有所回應。
這些回應的詞彙，會反映出當事人的水準。
所以懂的人就會懂，
不懂的人，就不用勉強對方懂了。
當然會有特別希望能理解自己想法的對象，
這時就不能原封不動地表達自己的意思，
必須按照對象，調整表達方式。
這麼做就夠了。

134

關於生存

# 不要完全偏向某一方

我是幫助別人的人，也是需要幫助的人。
是愛人的人，也是被愛的人。
是表達意思的人，也是接受想法的人。
人類就像天平一樣，
會持續左右搖擺。
只要軸心穩固就沒問題了。
不過，無論如何
都不要完全偏向某一方。

# 135

關 於 生 存

## 積木

不斷堆高的積木，

與不斷累積的人生很相似。

毫無想法地往上堆積時，

遲早會失衡瓦解。

途中適度添加支柱，

就能夠繼續往上堆，不會崩塌。

人生中的支柱，就是他人。

# 136

關於生存

## 不要錯過「帶來特別緣分的日子」

你曾經在人生中某一天，
遇見了現在覺得非常重要的那個人吧？
不管是攜手一生的伴侶、朋友，還是對手，
都勢必曾有過「相遇的日子」。
今天，或許又是牽起緣分的日子，
能遇見未來中重要的人。
一想到今天可能就是那個特別的日子，
有機會邂逅生命中的那個人，
是不是令人充滿期待呢？
在平凡無奇的生活裡，
總會出現幾天這麼了不起的日子。
這些偶然邂逅的人，會左右你的人生。
所以，千萬別錯過「帶來特別緣分的日子」。

137

關於生存

# 總會有所彌補

自己有許多不足。
不過，總會有其他事情能夠彌補。
這是毋庸置疑的。

# 138

關於生存

## 理解失敗

沒有總是「贏贏贏」或「成功成功成功」的人生。
要理解贏和成功很簡單，
但是人生的原點，其實是理解失敗。
不能接受失敗的話，就無法踏出下一步。
輸了沒關係，只要下次贏回來就行了。

139

關於生存

# 無論成敗，大家都經歷過

自己經歷的失敗，
別人也犯過許多次；
自己的成功，
別人同樣經歷了很多次。
人生就是有時失敗、有時成功。
不管哪一種，其實大家都是一樣的，
所以成功了，就坦率表現開心，
失敗了，也不用太過沮喪。

# 140

關於生存

## 感受到靈魂的存在

漫長的人生中，勢必有心靈生病的日子。
最近和年輕人聊天時，
發現很多人都覺得自己有心靈生病的傾向。
我也曾有過這樣的時期，上了年紀後也曾經歷過。
不過，我是這麼想的：
「我現在覺得失魂落魄，
但是，正因為我有靈魂，才會有這樣的感覺。」
現在的我認為，心靈生病這一段，
也是我人生中很重要的經歷。

# 141

關於生存

## 不要搞錯步調分配

人生要努力到什麼時候呢？
我知道很多人都活得很辛苦，
但是，這個問題的答案是「到死為止」。
我們到死之前，都必須持續努力。
所以為了生存下去，得好好分配人生的步調才行。
要是搞錯偷懶的場合或是休息的時間，
就沒辦法順利努力到死了。

沒辦法的時候就不用遵守約定。

只在自己浮現少許幹勁時稍微努力，

才能夠一步一步走回正軌。

所以，不要強迫自己努力，

覺得自己可以的時候，再一起去玩吧。

放輕鬆吧。

142

關於生存

# 不要強迫自己努力，放輕鬆就好

我接到一位同樣喜歡爵士樂的朋友的聯絡，

說：「有沒有推薦的演奏會呢？」

他因為長時間閉門不出，心靈相當衰弱，

我認為他是想約我一起出門，

於是就預約了餐廳與演奏會。

但是，預約好後又失聯了。

我傳簡訊告訴對方：

「不用勉強自己，覺得能踏出門時再一起去就好了。」

對方回答：

「我覺得可以，我會努力的。」

不過，我是認真的。

143

關於生存

# 相信自己的潛力

這與年齡無關。
當活得很辛苦時、遇到瓶頸時，
就會沒辦法相信自己的潛力。
不過，等到能夠相信自己的潛力時，
就會突破停滯、開始成長。
來吧，今天也相信自己的潛力吧。

144

關於生存

# 手邊的王牌

人生遇到瓶頸時，

什麼亂七八糟的事情就會全部一起湊過來。

所以，平常就要分散手上的王牌。

像是人際關係王牌、

工作王牌、興趣王牌，

只要努力就能找出辦法的王牌……

大概像這樣。

平常雖然用不上，

但是，如果不在心有餘裕時就先藏好王牌，

遇到瓶頸時，可能會轉眼就兵敗如山倒。

# 145

關於生存

## 不要太急，也不要太悠哉

油門、剎車、車距。
試著環顧四周，
了解自己正在什麼樣的環境下奔馳。
不要開得太快，也不要開得太慢。
聽起來像是在講開車，
但是這個道理，其實也適用於人心。

146



# 不要拐彎抹角

「你可以同時和其他人交往沒關係。」

說出這種話的女人，其實都超級愛吃醋。

「不支薪也好，請給我工作。」

說出這種話的男人，其實整天都在偷懶。

他們的真心話是——

請你只愛我一個人。

你給多少薪水、我就做多少事情。

拐彎抹角的問題，只能得到拐彎抹角的答案，

拐彎抹角的行為，也只能得到拐彎抹角的結果。

# 147

關於生存

# 不怪罪他人 然後果斷放棄

「這不是任何人的錯。」
發生問題、或是討厭的事情時，
不只有自責或責怪他人這兩個選項，
我們還可以不怪罪任何人。
學會做出第三種選擇後，果斷放棄，
也是多少能讓人生輕鬆點的訣竅。
事實上，必須這麼處理的事情還真的很多。

# 148

關於生存

## 了解自己崇拜的人

我認為按照自己的步調行動，
才能提升人生與工作的品質。
但，有崇拜或尊敬的人時，
有時候查查他們與自己同年時
都在做什麼？
完成了什麼？
也會對人生帶來良性刺激，很有參考價值。

149

關於生存

# 不要輕視自己

不要輕視自己。
就算有人想要輕視你，
也要秉持沒有你的許可，
就不許對方擅自輕視你的態度。
今天早上，也在內心起誓：
無論是自己還是他人，
都絕對不准看輕我。

150

關於生存

# 活著這件事

做自己、過日子，
不需要任何人的許可。

# 151

關於生存

## 過好自己的人生，就是最大的復仇

不知道為什麼，有些人相信嫌棄他人、責怪他人，
是他擁有的特權。
但是就算被你討厭、責怪，
我也不痛不癢。
「面對隨隨便便嫌棄自己的人，
沒必要負起責任，讓自己因此難過。」
這些嫌棄、責怪，甚至是背叛他人的人，
都只是想要傷害別人而已，
要是為此心痛的話，就正中對方下懷。
只要活得愉快又充實，
甚至讓對方後悔曾經傷害自己，
就是最大的復仇。

# 152

關於生存

## 在成長過程中得到多充足的愛

霸凌他人的行為，
是「教養不好」的證據。
順道一提，我個人對「教養」的定義是：
「與管教是否嚴格無關，
也與學歷或經歷無關。
教養的好壞，
在於雙親與周遭的人在成長過程中，給予多充足的愛。」

153



# 繼續當個普通人

聽到他人吹噓以前做過的壞事時，我會感到非常火大。

就算對方表示，自己現在洗心革面、認真過日子，

當年曾有過身心傷痕累累的受害者，卻是不爭的事實。

不過，如果是吹噓自己當年有多努力，說得再多，我都願意聽。

以個人經驗來說，

我認為絕對不可以接近會吹噓自己過往壞事的人。

改過向善，確實是件好事。

但是最厲害的，

是那些始終如一、待人溫柔誠懇的人。

能一直當個普通人，是件了不起的事。

畢竟若是真心對自己以前的所做所為感到丟臉時，

是沒辦法像這樣吹噓的。

154

關於生存

# 魅力

「沒有魅力的人」是指「放棄展現魅力的人」。

155

關於生存

# 當成對手吧

有位年輕人來找我聊天時，
表示自己「很恨〇〇」。
但是懷抱恨意，
其實就代表已經輸給對方了。
於是我回答：「想不想贏過對方是看你自己，
不過至少把對方當成『對手』吧。」
雖然平穩的人生很重要，
但是世界上，不存在沒有對手的人生。

# 156

關於生存

## 以能夠盡情享受的時間，撫慰自己

我活了八十二年，
發現以最符合自己的方式，
由衷享受的人生時間出乎意料地少。
所以得意忘形的時候，
就盡情得意忘形吧。
能夠胡鬧的時候，
就盡情胡鬧吧。
若能擁有完全依照自己想法、無憂無慮度過的時間，
就能撫慰無法這麼做時的自己。

157

關於生存

# 在內心挖洞
# 排出髒污

心靈安定時，
內心就像有純淨的水嘩啦嘩啦地流淌。
心靈不安定時，
水流就會停滯而混濁。
這時，
就要想辦法找個地方挖洞，
把污水排掉才行。
想像內心有乾淨的新水流進來，
心情就會輕鬆許多。

158

關於生存

# 活得「雜亂無章」很辛苦

井然有序的生活相當輕鬆，
雜亂無章的生活非常辛苦。
雖然很多人覺得是相反的，
但是「雜亂無章」真的很辛苦。
雜亂的生活、雜亂的人際關係、雜亂的工作，
會讓身心都感到非常疲憊。
最輕鬆的，終究還是「井然有序」。

# 159

關於生存

## 一流與二流

我的意思不是什麼文學一流、漫畫二流這種區分。
而是文學中有一流與二流之分，
漫畫中當然也有，
人類亦是如此。
沒有誰是一流、自己是二流這種分法。
而是自己的內在、某個人的內在，
每個人都同時具備一流與二流的地方。

160

關於生存

# 忘了也無妨

今天發生的無聊小事，

五年後、十年後也想得起來嗎？

既然終究會忘掉，

今天直接忘了也無妨。

161

關於生存

# 不用執著於丟過的臉

一生中絕對會有丟臉的時候，
而且會很多次。
有這種覺悟的人，會變得很強大。
而能夠對於已經丟過的臉，
能夠爽快放手的人，
就又更強大了。

162

關於生存

# 辛苦的回憶
# 只要記得「事情經過」

我只會對快樂的事情「放感情去記住」。
辛苦的事情就只會記得「客觀的事情經過」。
由辛苦回憶累積出的人生無法快樂。
人生無法快樂的話，就會開始憎恨他人。
我才不想要這樣的人生。

163

關於生存

# 不要過度思考

人生在世就必須「思考」，
但是應避免「過度思考」，
因為過度思考的人，
很容易陷入「負面想法」之中。
思考與過度思考，會得到完全不同的答案。
在腦中浮現負面想法的時候，
先暫停思考，
是避免過度思考的訣竅。

# 164

關於生存

## 問問過去的自己

童年時的我，
會原諒現在的我吧？
二十歲時的我、三十歲的我，
會原諒現在的我吧？
如果覺得過去的自己，
似乎受不了現在的自己，
就代表現在的你，必須馬上改變。

165

關於生存

# 活得清爽

不要再過著找藉口的人生了。
也不要再過著後悔的人生了。
只要不再做這兩件事情，
人生就會清爽許多。
藉口與後悔，
不管是現在還是未來，都無法轉變成好的養分。
今天，也想活得清清爽爽。

# 166

關於生存

## 不用害怕人生

「不應該是這樣的。」
人生，就是由這句話所組成。
無論多麼謹慎小心，
只要偶爾迷失了自己，
就可能會飛來橫禍。
「不應該是這樣的。」
這種情況遠比預料中更多。
但是只要有心，
復原的機會多的是。
所以，請不要害怕人生。

# 167



## 起點與終點

考到志願學校不是終點，

進入好公司也不是終點，

結婚更不是終點。

這些都只是起點，

終點在死亡的那一刻。

# 168

關於生存

## 不受年齡限制

不要被年齡所侷限。

不要在乎自己幾歲。

只要想著「年齡只是數字」就好。

無論幾歲，只要現在開心都很好。

現在我八十二歲了，

深刻體會到最重要的，

就是無論幾歲，都不能失去自信。

169

關於生存

# 老年生活

在網路看過這段話：

「為了老年生活著想，

而過著不斷忍耐的生活時，

就等同於已經在過老年生活了。」

我也這麼覺得，真是至理名言。

170

關於生存

# 不要害怕年齡增長

老天爺也為人生的下半場，
準備了不少好事，
不是只有年輕才有樂趣。
很多年輕人都對老後的生活有所誤會，
害怕自己變老。
不用擔心，沒問題的。

171

關於生存

# 游刃有餘

「游刃有餘」是一生中最重要的事情。
沒有餘裕、而過著被某事追著跑的人生時，
身上的問題就會愈來愈嚴重，
無法享有安穩的生活。
世界上大半的問題，
都是從失去餘裕開始。
所以，今天也要想辦法，讓自己游刃有餘。

# 6

Koike's words

# 關於前進

放 膽 行 動 還 比 較 輕 鬆

172

關於前進

# 別害怕，行動吧

在思考活著的意義時，
人生的時間仍舊繼續流動。
在害怕變老的時候，
還是離年老愈來愈近。
這種像在黑暗中找黑貓的行徑，
實在太浪費人生了。
所以別害怕，就行動吧。

# 173

關於前進

## 機會，會持續存在

只要活著，就會失去各式各樣的事物。
包括人、物品、時間、心與記憶。
但是不必擔心。
只要獲得的比失去的更多就可以了。
世界會繼續運轉，機會也會持續出現。

174

關於前進

# 接受、覺悟並前進

想要有所「覺悟」，
就必須認知事實就是事實，
學會接受現實。
我們沒辦法改變現實發生的事情。
唯有坦率接受，
才能有所覺悟、並繼續前進。

175

關於前進

# 就去做吧

與其自我否定、找藉口、花時間說服別人
「自己為什麼沒有做某件事情」，
不如放膽去做，
身心都會比較輕鬆。
所以就去做吧。

# 176

關於前進

## 不要混淆「苦力」與「努力」

各位是否混淆了
「苦力」與「努力」呢？
分辨的方法很簡單，
讓自己成長的是「努力」，
讓自己消耗的是「苦力」。
請特別注意，
世界上有不少狡猾的人，
會把「苦力」說成是「努力」，
消費你的身心。

177

關於前進

# 把目標放在師父的目光所及之處

就算有個尊敬的人、影響自己的人存在，
也不能以對方為目標前進。
必須了解對方的目標、影響對方的事物，
以及對方經歷過什麼。
否則，就不可能超越對方。
也就是說，
「要把目標放在師父的目光所及之處」。

178

關於前進

# 自己的地圖

如果別人期待你走的道路，
與自己想走的道路不同的話，
就選擇自己想走的那條吧。
迷路的時候，
只有看著自己的地圖，才能夠前進。

179



# 不要執著，果斷放手

持續把人生浪費在某些事物上時，
決定是否放棄的重要標準就是：
「如果是放手之後再也得不到的事物，
就絕對不會放棄。」
如果是繼續努力、也沒辦法獲得更好的結果，
或是以後努力還能重新獲得時，
就不要執著，果斷放手吧。
如此一來，就能夠擺脫繁雜、恢復清爽，
不會抱著多餘的煩惱。

# 180

關於前進

# 痛快地休息

無論如何都提不起幹勁時，
不論勉強自己學習或工作，質量都會很差。
這時，就得痛快地休息一番。
狠狠的休息過後，就會冒出狠狠的幹勁。
掌握自己行動與休息的節奏與時間點，
就能夠讓效率更上一層樓。

181

關於前進

# 機械化

「刻意把自己當成機器。」

遇到不得不面對的煎熬時期，
我會刻意把自己當成機器。
按下開關後、自動運作，
完成後再按下開關，取回自己的心。
雖然不能拋棄自己的個性，
但是暫時機械化，會讓自己好過些，
也是一種生存技巧。

182

關於前進

# 早晨的習慣

「早上不思考負面的事情。」

這是我長年養成的習慣。

一天之始就在嘆氣的話，

這天就不可能感到開心了。

無論即將面臨的這一天多麼煎熬，

至少早上還是要安穩度過。

# 183

關於前進

## 邊想邊動

不要只用頭腦想，身體也要一起動。
但是不能只動身體，動的時候要邊思考。
對我來說，要是頭腦與身體的運作失衡了，
連心靈都會一起失衡。
各位也要維持頭腦與身體的均衡，
度過美好的一天。

184

關於前進

# 重視「理所當然」

痛苦到無法前進時，
支撐著自己的，
就是「理所當然」。
理所當然地吃飯、理所當然地睡覺、理所當然地歡笑。
就是因為做不到這些事情，才會覺得痛苦。
想辦法維持這些「理所當然」，
就能夠靜待痛苦的時光過去。
「理所當然」，比任何事物都強大。

# 185

關於前進

## 維持最小限度的「分寸」就沒問題

習慣懶惰的生活後，
生活就會愈來愈混亂。
但是，只要維持最小限度的「分寸」就沒問題。
不要電視開著不看、
有髒污時就順手收拾，
從這些日常小事到心情的轉換，都要有分寸。
在重要之處維持小小的分寸，
就能讓生活保持簡單。

# 186

關於前進

## 淡淡的

「我不知道該怎麼活。」曾有人這麼告訴我。
不知道該怎麼活時，就只能習慣淡淡地去生活。
這時要刻意避免思考
生存價值、生存目的等，
讓自己像機器一樣運作，
機械式的吃飯、洗澡、睡覺、打掃、洗衣。
很不可思議的，如此一來，心靈遲早會恢復原狀。
在這種時候，遊手好閒是最差的選擇。

# 187

關於前進

## 確實執行

相較於急躁地什麼事情都沾一下，
不如專注於特定領域仔細去做，
效率會比較好。
最節省時間的做法，
就是針對一件事情、確實執行。

188

關於前進

# 一定要討回自尊心 I

自尊心受損後，要想盡辦法挽回。
失去金錢的話就隨緣了。
但是只有自尊心，不能隨緣。
一浮現「算了」的瞬間就沒救了，
因為人生從此就會習慣失敗。

189

關於前進

# 一定要討回自尊心 II

有人問我要怎麼討回失去的自尊心，
答案就是不要否定自己，不要和別人比較。
然後，對自己的狀況有所覺悟：
「我就是只能這樣生存。」
有時也要帶點自暴自棄：
「我就是這種人，你有什麼意見嗎？」
總而言之，第一步就是肯定自己。
具體來說，遠離資訊也是找回自尊與自信的有效方法。
平常只接觸精選後的必要資訊，數量愈少愈好。
雜誌與網路中，只會出現極端成功或極度悽慘的案例。
討回自尊心的方法之一，就是避免「資訊的囫圇吞棗」。

# 190



## 把毅力論當耳邊風

聽到年長者說：

「我辦得到，所以你也辦得到。」

這時就100%當作耳邊風吧。

因為這只是毫無意義與根據的「毅力論」。

# 191

關於前進

## 提升才能的不是毅力，而是熱情

我很討厭有毅力就做得到的論點，
只有毅力是無法提升才能的。
能夠提升才能的，是熱情。
不要混淆毅力與熱情，
就能夠慢慢前進。

192

關於前進

# 嫉妒也需要努力

我有時候會思考「努力」與「憧憬」的差異。
我想能夠嫉妒他人的人，
正是能夠努力變得更接近對方的人；
沒有努力的人，頂多只是「憧憬」而已。
要「嫉妒」的話，
也需要「有在努力」這種出場資格。
沒有努力的嫉妒，就成了非常扭曲的「執著」。

# 193

關於前進

## 拆解夢想就能實現

很多人設定難度太高的夢想或目標後，
就敗給那樣的難度，
陷入動彈不得的境地。
設定伸手就能觸及的夢想或目標，
在感覺有機會實現時，
就能夠繼續編織下一階段的夢想。
結果就真的完成了高難度的夢想。
像這樣拆解自己的夢想，有助於實現。

# 194

關於前進

## 思考時直接跳過中間

我從某人身上學到了很重要的人生哲學。

那就是「思考時直接跳過中間」。

嫌房間太髒就打掃，

想吃美食就煮飯，

因為喜歡所以在一起，

像這樣單純思考「因果」後就開始行動，

不要思考太多細部過程。

話說，說出這句話的其實就是我的家人。

195

關於前進

# 表現得彷彿理解人生的正確答案

現在的自己，是過去的自己所累積出的答案。
所以上了年紀，就明白如何修正年輕時的錯誤。
儘管如此，人生重來一次的話，大概還是會犯下相同錯誤，
我認為人類就是這樣的生物。
所以我會秉持著，
好像已經修正了過往的心態來生活。
表現出彷彿已經理解人生的正確答案。

# 196

關於前進

## 所謂的愛

曾愛過某個人，
對人生來說沒有損失。
雖然可能會失去一些事物，
但你一定會有所成長。

197

關於前進

# 出自選擇

不是「這個就好」而是「這個好」。
不是「和你一起就好」而是「你很好」。
不是「明天好了」而是「今天最好」。
不是妥協，而是出自選擇。
今天，也要這樣過日子。

198

關於前進

# 告訴自己「今天也沒問題」

早上起床時，
如果能滿懷幸福地睜開眼睛，真的非常幸福。
不得已滿懷沉重地睜開眼睛時，仍有個克服的特效藥，
那就是相信自己。
告訴自己：「別擔心、別擔心，我今天也可以繼續努力。」
我一直以來，都是這麼跨越的，
曾經很擔心的那些日子，也都是這麼跨越的，
所以，今天也沒問題。

# 199

關於前進

## 過猶不及

就算非常喜歡某個人，也不能依賴對方。
請父母或孩子幫忙沒關係，但不能過度依賴。
雖然工作很重要，但是人生不能只剩下工作。
無論什麼事情都是「過猶不及」。
比適度還多一些的程度，
才能夠讓人維持熱情，走得長遠。

# 200

關於前進

## 不要執著，忘記吧

「忘記」是人生中很重要的一種智慧。
忘記討厭的事情，不要忘記快樂的事情。
這世間沒有比執著於反感的人事物
更令人看不順眼的事情了。

# 201

關於前進

## 不要太過在意

太過在意他人的想法或目光，
就會削弱判斷力與行動力。

# 202

關於前進

## 遇到瓶頸時
## 有兩種突破的方法

人生遇到瓶頸的時候，
有兩種突破的方法。
分別是「等待」與「出擊」。
選擇「等待」，是因為覺得闖到外界很辛苦，
就沉浸在喜歡的知識內容等之中，
靜待幹勁湧上來。
選擇「出擊」，則是透過具體行動改變世界。
了解現在的自己適合哪一種方法，
是非常重要的。

# 203

關於前進

## 明快斬斷
## 無法熟成的回憶

好事、有益的對話或相遇，
就像經過歲月熟成的美酒，在回憶中充滿了樂趣。
壞事、沒幫助的對話或相遇，
則像不喝也罷的難喝酒一樣；
所以必須慎選釀造回憶的材料。
覺得無法成為美好熟成的回憶，就爽快斬斷吧。
希望今後也將度過
許多能夠釀出美酒的好日子。

204

關於前進

# 讓不好的事情瞬間成為過去式

發生討厭的事時，
有個很簡單也很有效的心情轉換術。
首先，用力地拍一下手。
在發出「啪」一聲的瞬間，
這件不好的事情，就成了過去式。
接著大大地深呼吸。
吐出的氣息，也變成了過去式。
過去已經結束了，所以能夠轉換心情，
迎接新的時間。
來吧，請務必嘗試看看。

# 7

Koike's words

# 關於幸福

這 樣 就 夠 了

205

關於幸福

# 更認真享受讓心情變好的事情

認為自己做什麼事心情會變好時，
不妨更認真去享受。
喜歡和人聊天，就更坦率地聊，
跟學校請一天假，盡情閱讀喜歡的書，
享用美食時，不要在意熱量。
總而言之，就是不要一個人抱著陰鬱黑暗的心情。

206

關於幸福

# 訂下一天一次的優雅時間

我決定無論是多麼平凡無趣的日子，
一天也要享受一次優雅的時間。
可以在咖啡廳裡喝杯美味的咖啡，
在喜歡的書店裡悠閒閱讀，
單純看一部電影也無妨。
這段時間，不要思考生存意義這麼深層的事，
不要想著自己是為什麼而活著。
每一天，只要做一件讓自己心情好的事情，
這天就夠本了。

# 207

關於幸福

## 不要困在想了也沒有答案的問題裡

不要困在想了也沒有答案的問題裡。

「既然會死，為什麼還得努力活著？」

我們通常是現實生活不順遂，特別脆弱的時候，

腦中才會浮現這種抽象的問題。

每個人的人生都是在快樂與痛苦中掙扎著，然後步向死亡。

過去如此，未來亦是。

「既然會死，為什麼還得努力活著？」

雖然這種問題沒有答案，

但是世界上還是有逃離這種思考的方法。

那就是充實自己的現實生活。

面對理所當然的日常小事，理所當然地前進，

努力挖掘人生中的樂趣，讓自己沒空思考這些問題。

# 208



## 幸福也要適可而止

有潔癖的人總是在意髒污，
結果比一般人更容易思考骯髒的事情。
完美主義的人也是如此。
沒有人是完美的，
過度追求完美的話，永遠也滿足不了。
追求幸福的人，不也是如此？
過度追求幸福的話，
就不會意識到身邊的小小幸福。
任何事情都應適可而止。

# 209

關於幸福

## 挖掘幸福

「從日常生活中挖掘幸福」
是極其重要的能力。
我們不可以變成
很會「從日常生活中挖掘不滿」的人，
否則人生會變得很無趣。
這種人生無趣的人，也很容易看不起他人。
開始看不起他人的時候，
就代表自己已經無藥可醫了。

210

關於幸福

# 與人的羈絆，是幸福的起點

與他人建立羈絆，但是不要干涉他人。
與他人建立羈絆，是幸福的起點，
干涉他人，則是不幸的起點。

# 擅長表現出幸福

無論看起來多麼幸福，
無論看起來多麼成功，
只要活著，就沒有人能夠無憂無慮。
每個人的內心，一定都暗藏著某種煩惱。
世界上有擅長表現出幸福的人，也有不擅長如此的人。
我雖然也有著形形色色的煩惱，
但就算是假裝，也想要表現得幸福。

212

關於幸福

# 選擇當下覺得開心的事情就好

從結果來看，不知道選哪條路會比較開心。
所以選擇現在會比較開心的路就好。
人們總是會一直忘記：
自己其實可以活得更自由一點。

# 213

關於幸福

## 任意找出一件美麗的小事

想要讓生活變得美麗，其實很簡單。
只要找到任意一件美麗的小事，
其他的地方，就會一起跟著變美。
我今天換了新的肥皂盒。
接著，就順手把洗手台一帶整理乾淨。
細膩溫柔的生活，就是由這些小訣竅堆積而成。

214



# 真正的時髦

優美的用字遣詞，

優雅的態度，

毫無虛假的笑容，

乾淨的氣質。

真正的時髦，

其實不需要花錢。

215



# 找到自己的隊友

我不會要求各位成群結隊或是組成團體。
但是，至少要有幾個隊友。
可以的話，是能夠彌補自己短處的隊友。
光是這樣，就能夠讓人生輕盈許多。

216

關於幸福

# 朋友只要兩個就夠了

如果要選兩個最好的朋友，
那就選擇能夠帶領自己進步的人，
以及能夠讓自己安心相處的人，
只要這兩個人就夠了。
在交更多朋友之前，至少要先交到這兩個朋友。
這裡要特別注意的，
就是也要期許自己成為
帶領這兩位朋友進步、且讓對方能安心相處的人。

# 217

關於幸福

## 找個和自己
## 視野不同的人

所謂的另一半或男女朋友，就是儘管走在同一條路上，
也能夠看見與你不同的事物的人。
在你仰望天空時，
能夠告訴你地面上開了花。
儘管走在同一條路上，
也能夠和你望向不同地方。
只要有這個人相伴，
人生就會擁有更多的目標。

218

關於幸福

# 戀愛與結婚的條件

尋找另一半的時候，

追求收入、容貌或學歷等

都是基本條件。

但是，如果能找到吃了美食後，

會特別想要分享的對象；

或是看到美景時，

想帶來她一起欣賞的對象；

或是能夠與對方

互相吐露溫柔話語的對象，

那麼彼此的關係就會更順利。

# 219

關於幸福

## 不要為了錢
## 被工作綁住

我們會工作賺錢，
是為了想要自由。
不要覺得自己是為了錢被工作綁住，
想著自己是為了得到自由才工作，
那麼工作起來，就不會那麼辛苦了。
能夠愛上工作本身，
當然是最好不過了，
但是賺錢的話，
能夠讓人生有更多的選項。

# 220

關於幸福

## 白費工夫的事情，會讓人生更豐富

曾經非常喜歡的事物，
有時會變得沒什麼感覺、失去興趣。
一想到自己花了多少時間與金錢就覺得傻眼，
但這其實是代表自己邁向下一個階段的喜事。
很多白費工夫的事情，都會讓人生更豐富。
諷刺的是，這世界上沒什麼用處的事情，
往往是最有趣的。

關於幸福

# 腦中只想著期待的事情

「想到什麼就招來什麼，

所以不要思考不想遇到的事情。」

希望今天也能夠成為

腦中只想著期待事情的日子。

222

關於幸福

# 光明與黑暗

自己的內心會有光明與黑暗，

每個人都擁有這兩面。

雖然會想一直待在光明，

有時仍會踏進黑暗。

內心會煩雜不已。

但是不必擔心。

只要有心，就能夠前往光明的地方。

畢竟自己的內心本來就有這樣的地方。

就算今天待在黑暗裡，明天也肯定能往光明前進。

# 223



## 不在意

我們要學會「不在意的能力」。
其他人或社會，總是在閒言閒語，
但是，不必一一在意。
尤其是那些在意了也無能為力的事情，
更必須下定決心，不要因此而沮喪。
我就是我。
我也有很多優點。
只要在意自己的優點就夠了。
剩下的都不在意，不在意。

# 224

關 於 幸 福

## 犧牲

讓我明白告訴你吧？

便利商店不24小時營業也無所謂。

網路商店不今日訂明日到也無所謂。

出門旅行不找最短的路程也無所謂。

讓某人必須犧牲夜間香甜睡眠、

以及清爽晨起的世界，

不運作也無所謂。

225

關於幸福

# 睡覺之前
# 不思考討厭的事情

睡前分享一句話。
我會藉由「睡覺」重整心情。
就算是大白天，只要發生討厭的事情就會睡一下。
如此一來，就能夠稍微切換心情。
睡得好的訣竅就是：
「睡前不思考討厭的事情。」
睡覺是人生中最快樂的事情，
千萬不可以帶著討厭的事情一起睡。
晚安，
明天見。

# 如果不行，就逃跑吧！

作　　者 | 小池一夫 Kazuo Koike
譯　　者 | 黃筱涵
發 行 人 | 林隆奮 Frank Lin
社　　長 | 蘇國林 Green Su

出版團隊
總 編 輯 | 葉怡慧 Carol Yeh
日文主編 | 許世璇 Kylie Hsu
企劃編輯 | 許芳菁 Carolyn Hsu
責任行銷 | 朱韻淑 Vina Ju
封面裝幀 | 木木Lin
封面插畫 | 消極男子
版面構成 | 黃靖芳 Jing Huang

行銷統籌
業務處長 | 吳宗庭 Tim Wu
業務主任 | 蘇倍生 Benson Su
業務專員 | 鍾依娟 Irina Chung
業務祕書 | 陳曉琪 Angel Chen、莊皓雯 Gia Chuang

發行公司 | 悅知文化　精誠資訊股份有限公司
105台北市松山區復興北路99號12樓
訂購專線 | (02) 2719-8811
訂購傳真 | (02) 2719-7980
專屬網址 | http://www.delightpress.com.tw
悅知客服 | cs@delightpress.com.tw
ISBN：978-986-510-207-4
建議售價 | 新台幣320元　　首版一刷 | 2020年03月　　首版十刷 | 2022年04月



國家圖書館出版品預行編目資料

如果不行，就逃跑吧！ / 小池一夫作 ; 黃筱涵譯. -- 二版. -- 臺北市 : 精誠資訊, 2022.03
256面 ; 13*18公分
譯自：だめなら逃げてみる：自分を休める225の言葉
ISBN 978-986-510-207-4(平裝)
1.生活指導 2.成功法

177.2　　111002410

建議分類 | 心理勵志